COMPTABILITÉ AGRICOLE

ENSEIGNEMENT PRIMAIRE de la COMPTABILITÉ

MÉTHODE DE SAUVAGE

Obtention automatique des prix de revient industriels
par le dépouillement des comptes du Grand-Livre
& la non-inscription, dans les comptes,
des objets de l'inventaire.

CAHIER A
Livre Auxiliaire Nᵒ 1
TRAVAIL
Livre Auxiliaire Nᵒ 2
MAIN d'ŒUVRE

H. DE SAUVAGE
Maître de Conférences à l'Institut National Agronomique.
Bureau de Correction de Comptabilité Agricole
6, Rue Barbette, PARIS

Livre auxiliaire N°1. — Travail.
Juillet.

Dates.	Avoine 188		Blé 188		Blé 188 .		Château Parcs.		Château Potager.		Château Chemins.		Fourrages 188 .		Pommes de terre 188 .							
	C	E	C	É	C	E	C	E	C	E	C	E	C	E	C	E	C	E	C	E	C	E
1																						
2																						
3																						
4																						
5																						
6																						
7																						
8																						
9																						
10																						
11																						
12																						
13																						
14																						
15																						
16																						
17																						
18																						
19																						
20																						
21																						
22																						
23																						
24																						
25																						
26																						
27																						
28																						
29																						
30																						
31																						

Méthode de Sauvage, déposée.

Dates	Avoine 188 .		Avoine 188 .		Blé 188 .		Blé 188 .		Château Maison.		Château Parcs.		Château Potager.		Château Construction.		Fourrages 188 .		Frais généraux 188 .			
	C	E	C	E	C	E	C	E	C	E	C	E	C	E	C	E	C	E	C	E	C	E
1																						
2																						
3																						
4																						
5																						
6																						
7																						
8																						
9																						
10																						
11																						
12																						
13																						
14																						
15																						
16																						
17																						
18																						
19																						
20																						
21																						
22																						
23																						
24																						
25																						
26																						
27																						
28																						
29																						
30																						
31																						

Méthode de Sauvage, dépassée.

Dates	Avoine 188 .		Blé 188 .		Château Parcs.		Château Potager.		Château Chemins.		Château Constructions		Fourrages 188 .		Frais généraux 188 .		Fumier 188 .		Pommes de terre 188 .			
	C	E	C	E	C	E	C	E	C	E	C	E	C	E	C	E	C	E	C	E	C	E
1																						
2																						
3																						
4																						
5																						
6																						
7																						
8																						
9																						
10																						
11																						
12																						
13																						
14																						
15																						
16																						
17																						
18																						
19																						
20																						
21																						
22																						
23																						
24																						
25																						
26																						
27																						
28																						
29																						
30																						
31																						

Livre auxiliaire N°1. — Travail.
Octobre 188 .

Dates	Betteraves Carottes 188		Betteraves Carottes 188		Blé 188.		Château Maison		Château Bois.		Château Constructions		Frais généraux 188.		Pommes de terre 188.									
	C	E	C	E	C	E	C	E	C	E	C	E	C	E	C	E	C	E	C	E	C	E	C	E
1																								
2																								
3																								
4																								
5																								
6																								
7																								
8																								
9																								
10																								
11																								
12																								
13																								
14																								
15																								
16																								
17																								
18																								
19																								
20																								
21																								
22																								
23																								
24																								
25																								
26																								
27																								
28																								
29																								
30																								
31																								

Méthode de Sauvage, déposée.

Dates	Avoine 188		Betteraves et Carottes 188		Blé 188		Château Maison		Château Potager		Château Parcs		Château Construction		Frais généraux 188		Instruments et outils 188					
	C	E	C	E	C	E	C	E	C	E	C	E	C	E	C	E	C	E	C	E	C	E
1																						
2																						
3																						
4																						
5																						
6																						
7																						
8																						
9																						
10																						
11																						
12																						
13																						
14																						
15																						
16																						
17																						
18																						
19																						
20																						
21																						
22																						
23																						
24																						
25																						
26																						
27																						
28																						
29																						
30																						
31																						

Dates	Avoine 188		Betteraves et Carottes 188		Blé 188		Château Maison		Château Potager		Château Bois		Château Construction		Frais généraux 188							
	C	E	C	E	C	E	C	E	C	E	C	E	C	E	C	E	C	E	C	E	C	E
1																						
2																						
3																						
4																						
5																						
6																						
7																						
8																						
9																						
10																						
11																						
12																						
13																						
14																						
15																						
16																						
17																						
18																						
19																						
20																						
21																						
22																						
23																						
24																						
25																						
26																						
27																						
28																						
29																						
30																						
31																						

Méthode de Sauvage, déposé.

Dates	Avoine 188		Château Maison		Château Potager		Château Chemins		Château Construction		Fourrages 188		Frais généraux 188		Seigle 188									
	C	E	C	E	C	E	C	E	C	E	C	E	C	E	C	E	C	E	C	E	C	E	C	E
1																								
2																								
3																								
4																								
5																								
6																								
7																								
8																								
9																								
10																								
11																								
12																								
13																								
14																								
15																								
16																								
17																								
18																								
19																								
20																								
21																								
22																								
23																								
24																								
25																								
26																								
27																								
28																								
29																								
30																								
31																								

$$\textit{Livre auxiliaire N° 1 \_ Travail}$$
$$\textit{Février 188\_\_.}$$

Dates	Château Maison		Château Potager		Château Parcs		Château Construction		Fourrages 188 .		Frais généraux 188 .		Seigle 188 .											
	C	E	C	E	C	E	C	E	C	E	C	E	C	E	C	E	C	E	C	E	C	E	C	E
1																								
2																								
3																								
4																								
5																								
6																								
7																								
8																								
9																								
10																								
11																								
12																								
13																								
14																								
15																								
16																								
17																								
18																								
19																								
20																								
21																								
22																								
23																								
24																								
25																								
26																								
27																								
28																								
29																								
30																								
31																								

Méthode de Sauvage, déposée.

Livre auxiliaire N°1 _ Travail
Mars 188_.

Dates	Avoine 188		Betteraves et Carottes 188		Château Maison		Château Potager		Château Chemins		Château Construction		Fourrages 188		Frais généraux 188									
	C	E	C	E	C	E	C	E	C	E	C	E	C	E	C	E	C	E	C	E	C	E	C	E
1																								
2																								
3																								
4																								
5																								
6																								
7																								
8																								
9																								
10																								
11																								
12																								
13																								
14																								
15																								
16																								
17																								
18																								
19																								
20																								
21																								
22																								
23																								
24																								
25																								
26																								
27																								
28																								
29																								
30																								
31																								

Livre auxiliaire N° 1 — Travail
Juin 188___.

Dates	Château Maison		Château Potager		Château Porcs		Château Construction		Chevaux 188		Denrées ou Marchandises		Fourrages 188		Frais généraux 188		Instruments ou Outils 188		Vacherie 188			
	C	E	C	E	C	E	C	E	C	E	C	E	C	E	C	E	C	E	C	E	C	E
1																						
2																						
3																						
4																						
5																						
6																						
7																						
8																						
9																						
10																						
11																						
12																						
13																						
14																						
15																						
16																						
17																						
18																						
19																						
20																						
21																						
22																						
23																						
24																						
25																						
26																						
27																						
28																						
29																						
30																						
31																						

Dates	Avoine 188			Blé 188			Château Chemins			Fourrages 188			Frais généraux 188			Pommes de terre 188		
	à 3f.25	à 2f.75	à 2f.00	à 3f.75	à 2f.75	à 2f.00	à 3f.75	à 2f.75	à 2f.00	à 3f.75	à 2f.75	à 2f.00	à 3f.75	à 2f.75	à 2f.00	à 3f.75	à 2f.75	à 2f.00
1																		
2																		
3																		
4																		
5																		
6																		
7																		
8																		
9																		
10																		
11																		
12																		
13																		
14																		
15																		
16																		
17																		
18																		
19																		
20																		
21																		
22																		
23																		
24																		
25																		
26																		
27																		
28																		
29																		
30																		
31																		

Méthode de Sauvage, déposée

Dates	Avoine 188			Blé 188			Blé 188			Château Parc			Fourrages 188			Frais généraux 188		
	à 3f 25	à 2f 25	à 2f 00	à 3f 25	à 2f 75	à 2f 00	à 3f 25	à 2f 75	à 2f 00	à 3f 25	à 2f 75	à 2f 00	à 3f 25	à 2f 75	à 2f 00	à 3f 25	à 2f 75	à 2f 00
1																		
2																		
3																		
4																		
5																		
6																		
7																		
8																		
9																		
10																		
11																		
12																		
13																		
14																		
15																		
16																		
17																		
18																		
19																		
20																		
21																		
22																		
23																		
24																		
25																		
26																		
27																		
28																		
29																		
30																		
31																		

Méthode de Sauvage, déposée.

Livre auxiliaire N° 2. — Main-d'œuvre.
Septembre 188___.

Dates	Avoine 188 .			Blé 188 .			Château Bois.			Château Parc.			Château Maison.			Fourrages 188 .			Frais généraux 188 .			Pommes de terre 188 .		
	à 3f25	à 2f50	à 2f00	à 3f25	à 2f50	à 2f00	à 3f25	à 2f50	à 2f00	à 3f25	à 2f50	à 2f00	à 3f25	à 2f50	à 2f00	à 3f25	à 2f50	à 2f00	à 3f25	à 2f50	à 2f00	à 3f25	à 2f50	à 2f00
1																								
2																								
3																								
4																								
5																								
6																								
7																								
8																								
9																								
10																								
11																								
12																								
13																								
14																								
15																								
16																								
17																								
18																								
19																								
20																								
21																								
22																								
23																								
24																								
25																								
26																								
27																								
28																								
29																								
30																								
31																								

Méthode de Sauvage, déposée.

Livre auxiliaire N° 2 — Main-d'œuvre.
Octobre 188__.

Dates	Betteraves et carottes 188.			Betteraves et carottes 188.			Blé 188.			Château.			Frais généraux. 188.			Fumier. 188.			Pommes de terre 188.			Vacherie. 188.		
	à 3f.25	à 2f.75	à 2f.00	à 4f.00	à 2f.75	à 2f.00	à 3f.25	à 2f.75	à 4f.00	à 3f.25	à 2f.75	à 2f.00	à 3f.25	à 2f.75	à 2f.00	à 3f.25	à 2f.75	à 2f.00	à 3f.25	à 2f.75	à 2f.00	à 3.25	à 2f.75	à 2f.00
1																								
2																								
3																								
4																								
5																								
6																								
7																								
8																								
9																								
10																								
11																								
12																								
13																								
14																								
15																								
16																								
17																								
18																								
19																								
20																								
21																								
22																								
23																								
24																								
25																								
26																								
27																								
28																								
29																								
30																								
31																								

Livre auxiliaire N°2. — Main-d'œuvre
Novembre 188 .

Dates	Avoine 188 .			Betteraves Carottes 188 .			Betteraves Carottes 188 .			Blé 188 .			Château Parcs.			Château Potager.			Frais généraux 188 .		
	à 4f.00	à 3f.25	à 2f.25	à 4f.00	à 3f.25	à 2f.25	à 4f.00	à 3f.25	à 2f.25	à 4f.00	à 3f.25	à 2f.25	à 4f.00	à 3f.25	à 2f.00	à 4f.00	à 3f.75	à 2f.25	à 4f.00	à 3f.75	à 2f.25
1																					
2																					
3																					
4																					
5																					
6																					
7																					
8																					
9																					
10																					
11																					
12																					
13																					
14																					
15																					
16																					
17																					
18																					
19																					
20																					
21																					
22																					
23																					
24																					
25																					
26																					
27																					
28																					
29																					
30																					
31																					

Méthode de Sauvage, déposée.

Dates	Betteraves et Carottes 188 .			Château-Maison.			Frais généraux 188 .			Dates	Château-Bois.			Frais généraux 188 .		
	à 2f.75	à 2f.25	à 2f.00	à 2f.75	à 2f.25	à 2f.00	à 2f.75	à 2f.25	à 2f.00		à 3f.25	à 2f.25	à 2f.00	à 3f.25	à 2f.25	à 2f.00
1										1						
2										2						
3										3						
4										4						
5										5						
6										6						
7										7						
8										8						
9										9						
10										10						
11										11						
12										12						
13										13						
14										14						
15										15						
16										16						
17										17						
18										18						
19										19						
20										20						
21										21						
22										22						
23										23						
24										24						
25										25						
26										26						
27										27						
28										28						
29										29						
30										30						
31										31						

Livre auxiliaire N° 2. — Main-d'œuvre.

Février 188 .　　　　Mars 188 .　　　　Avril 188 .

Dates.	Château-Bois.			Seigle 188 .			Dates.	Avoine 188 .			Fourrages 188 .			Dates.	Avoine 188 .			Frais généraux 188 .		
	à 3f.25	à 2f.75	à 2f.00	à 3f.25	à 2f.75	à 2f.00		à 3f.25	à 2f.75	à 2f.00	à 3f.25	à 2f.75	à 2f.00		à 3f.25	à 3f.75	à 2f.00	à 3f.25	à 2f.75	à 2f.00
1							1							1						
2							2							2						
3							3							3						
4							4							4						
5							5							5						
6							6							6						
7							7							7						
8							8							8						
9							9							9						
10							10							10						
11							11							11						
12							12							12						
13							13							13						
14							14							14						
15							15							15						
16							16							16						
17							17							17						
18							18							18						
19							19							19						
20							20							20						
21							21							21						
22							22							22						
23							23							23						
24							24							24						
25							25							25						
26							26							26						
27							27							27						
28							28							28						
29							29							29						
30							30							30						
31							31							31						

Méthode de Sauvage, déposée.

Dates	Betteraves et carottes 188 .		Château .		Engrais. 188 .		Fourrages 188 .		Frais généraux 188 .		Fumier. 188 .		Pommes de terre 188 .		Dates	Fourrages 188 .			
	à 3f.25	à 2f.75	à 3f.25	à 4f.00	à 3f.25	à 2f.75	à 3f.25	à 2f.75	à 3f.25	à 2f.75	à 3f.25	à 2f.75	à 3f.25	à 2f.75		à 3f.25	à 3f.00		
1															1				
2															2				
3															3				
4															4				
5															5				
6															6				
7															7				
8															8				
9															9				
10															10				
11															11				
12															12				
13															13				
14															14				
15															15				
16															16				
17															17				
18															18				
19															19				
20															20				
21															21				
22															22				
23															23				
24															24				
25															25				
26															26				
27															27				
28															28				
29															29				
30															30				
31															31				

Méthode de Sauvage, déposée.

ENSEIGNEMENT PRIMAIRE
DE LA
COMPTABILITÉ

MÉTHODE DE SAUVAGE

Obtention automatique des prix de revient industriels
par le dépouillement des comptes du Grand Livre
& la non-inscription, dans les comptes,
des objets de l'inventaire

CAHIER B

Livre Auxiliaire N° 3

CONSOMMATION

Livre Auxiliaire N° 5

VACHERIE

Livre Auxiliaire N° 6

BASSE-COUR

R. DE SAUVAGE
Maître de conférences à l'Institut National Agronomique

Bureau de Correction de Comptabilité Agricole
Rue Barbette, PARIS

Dates	Chevaux						Vacherie				Basse-Cour.			Château.					
	Journées de présence	Avoine 188_.	Blé 188_.	Fourrage 188_.	Fourrage vert.	Son.	Journées de présence	Avoine 188_.	Blé 188_.	Fourrage 188_.	Avoine 188_.	Farine d'orge.	Son.	Avoine 188_.	Blé 188_.	Fourrage 188_.			
1																			
2																			
3																			
4																			
5																			
6																			
7																			
8																			
9																			
10																			
11																			
12																			
13																			
14																			
15																			
16																			
17																			
18																			
19																			
20																			
21																			
22																			
23																			
24																			
25																			
26																			
27																			
28																			
29																			
30																			
31																			

Livre auxiliaire N° 3. ___ Consommations.
Août 188 .

Dates	Chevaux						Vacherie				Basse-Cour			Château					
	Journées de présence	Avoine 188 .	Blé 188 .	Fourrage 188 .	Fourrage vert	Son	Journées de présence	Avoine 188 .	Blé 188 .	Fourrage 188 .	Avoine 188 .	Farine d'orge	Son	Avoine 188 .	Blé 188 .	Fourrage 188 .			
1																			
2																			
3																			
4																			
5																			
6																			
7																			
8																			
9																			
10																			
11																			
12																			
13																			
14																			
15																			
16																			
17																			
18																			
19																			
20																			
21																			
22																			
23																			
24																			
25																			
26																			
27																			
28																			
29																			
30																			
31																			

Livre auxiliaire N° 3. — Consommations.
Septembre 188 .

Dates	Chevaux						Vacherie				Basse-Cour			Château					
	Journées de présence	Avoine 188 .	Blé 188 .	Fourrage 188 .	Fourrage vert.	Son.	Journées de présence	Avoine 188 .	Blé 188 .	Fourrage 188 .	Avoine 188 .	Farine d'orge	Son.	Seigle 188 .	Avoine 188 .	Blé 188 .	Fourrage 188 .		
1																			
2																			
3																			
4																			
5																			
6																			
7																			
8																			
9																			
10																			
11																			
12																			
13																			
14																			
15																			
16																			
17																			
18																			
19																			
20																			
21																			
22																			
23																			
24																			
25																			
26																			
27																			
28																			
29																			
30																			
31																			

Méthode de Sauvage déposée.

Livre auxiliaire N° 3. — Consommations.
Octobre 188...

Dates.	Chevaux.					Vacherie.				Basse-Cour.					Château.			
	Journées de présence	Avoine 188.	Blé 188.	Fourrage 188.	Son.	Journées de présence	Avoine 188.	Blé 188.	Fourrage 188.	Avoine 188	Farine d'orge	Pom. de terre 188.	Seigle 188.	Son.	Avoine 188.	Blé 188.	Fourrage 188.	Betteraves Carottes 188.
1																		
2																		
3																		
4																		
5																		
6																		
7																		
8																		
9																		
10																		
11																		
12																		
13																		
14																		
15																		
16																		
17																		
18																		
19																		
20																		
21																		
22																		
23																		
24																		
25																		
26																		
27																		
28																		
29																		
30																		
31																		

Méthode de Sauvage dépassée.

Livre auxiliaire N.º 3. — Consommations.
Novembre 188 .

Dates	Chevaux				Vacherie					Basse-Cour					Château			
	Journées de présence	Avoine 188 .	Blé 188 .	Fourrage 188 .	Journées de présence	Avoine 188 .	Betteraves & carottes 188 .	Blé 188 .	Fourrage 188 .	Avoine 188 .	Farine d'Orge	Pommes de terre 188 .	Seigle 188 .	Son.	Avoine 188 .	Blé 188 .	Fourrage 188 .	
1																		
2																		
3																		
4																		
5																		
6																		
7																		
8																		
9																		
10																		
11																		
12																		
13																		
14																		
15																		
16																		
17																		
18																		
19																		
20																		
21																		
22																		
23																		
24																		
25																		
26																		
27																		
28																		
29																		
30																		
31																		

Dates	Chevaux					Vacherie						Basse-Cour					Château	
	Journées de présence	Avoine 188.	Blé 188.	Fourrage 188.	Son.	Journées de présence	Avoine 188.	Betteraves et carottes 188.	Blé 188.	Fourrage 188.	Son.	Avoine 188.	Farine d'Orge	Pommes de terre 188.	Seigle 188.	Son.	Avoine 188.	Blé 188.
1																		
2																		
3																		
4																		
5																		
6																		
7																		
8																		
9																		
10																		
11																		
12																		
13																		
14																		
15																		
16																		
17																		
18																		
19																		
20																		
21																		
22																		
23																		
24																		
25																		
26																		
27																		
28																		
29																		
30																		
31																		

Livre auxiliaire N.º 3. — Consommations.
Janvier 188_.

Dates	Chevaux					Vacherie.						Basse-Cour.					Château.		
	Journées de présence	Avoine 188.	Blé 188.	Fourrage 188.	Son.	Journées de présence	Avoine 188.	Betteraves et carottes 188.	Blé 188.	Fourrage 188.	Son.	Avoine 188.	Farine d'Orge.	Pommes de terre 188.	Seigle 188.	Son.	Avoine 188.	Blé 188.	
1																			
2																			
3																			
4																			
5																			
6																			
7																			
8																			
9																			
10																			
11																			
12																			
13																			
14																			
15																			
16																			
17																			
18																			
19																			
20																			
21																			
22																			
23																			
24																			
25																			
26																			
27																			
28																			
29																			
30																			
31																			

Méthode de Sauvage, déposée.

Livre auxiliaire N.º 3. — Consommations.
Février 188_.

Dates	Chevaux.					Vacherie.						Basse-Cour.					Château.	
	Journées de présence	Avoine 188 .	Blé 188 .	Fourrage 188 .	Son.	Journées de présence	Avoine 188 .	Betteraves ou carottes 188 .	Blé 188 .	Fourrage 188 .	Son.	Avoine 188 .	Farine d'Orge	Pommes de terre 188 .	Seigle 188 .	Son.	Avoine 188 .	Blé 188 .
1																		
2																		
3																		
4																		
5																		
6																		
7																		
8																		
9																		
10																		
11																		
12																		
13																		
14																		
15																		
16																		
17																		
18																		
19																		
20																		
21																		
22																		
23																		
24																		
25																		
26																		
27																		
28																		
29																		
30																		
31																		

Méthode de Sauvage, déposée.

Dates	Chevaux					Vacherie						Basse-Cour				Château			
	Journées de présence	Avoine 188.	Blé 188.	Fourrage 188.	Son.	Journées de présence	Avoine 188.	Betteraves et carottes 188.	Blé 188.	Fourrage 188.	Fourrage vert.	Avoine 188.	Farine d'Orge.	Pommes de terre 188.	Son	Avoine 188.	Blé 188.		
1.																			
2																			
3																			
4																			
5																			
6																			
7																			
8																			
9																			
10																			
11																			
12																			
13																			
14																			
15																			
16																			
17																			
18																			
19																			
20																			
21																			
22																			
23																			
24																			
25																			
26																			
27																			
28																			
29																			
30																			
31																			

Livre auxiliaire N° 3. — Consommations.
Avril 188 .

Dates	Chevaux.					Vacherie.						Basse-Cour.			Château.			
	Journées de présence	Avoine 188 .	Blé 188 .	Fourrage 188 .	Fourrage avril.	Journées de présence.	Avoine 188 .	Betteraves ou carottes 188 .	Blé 188 .	Fourrage 188 .	Fourrage vert.	Avoine 188 .	Farine d'Orge.	Son.	Avoine 188 .	Blé 188 .	Fourrage 188 .	Fourrage vert.
1																		
2																		
3																		
4																		
5																		
6																		
7																		
8																		
9																		
10																		
11																		
12																		
13																		
14																		
15																		
16																		
17																		
18																		
19																		
20																		
21																		
22																		
23																		
24																		
25																		
26																		
27																		
28																		
29																		
30																		
31																		

Méthode de Sourage, déposée.

Dates	Chevaux					Vacherie				Basse-Cour.			Château			
	Journées de présence	Avoine 188 .	Blé 188 .	Fourrage 188 .	Fourrage vert.	Journées de présence	Betteraves et autres 188 .	Blé 188 .	Fourrage vert 188 .	Avoine 188 .	Farine d'Orge.	Son.	Avoine 188 .	Blé 188 .	Fourrage 188 .	Fourrage vert
1																
2																
3																
4																
5																
6																
7																
8																
9																
10																
11																
12																
13																
14																
15																
16																
17																
18																
19																
20																
21																
22																
23																
24																
25																
26																
27																
28																
29																
30																
31																

Dates	Chevaux.					Vacherie.						Basse-Cour.			Château.				
	Journées de présence	Avoine 188 .	Blé 188 .	Fourrage 188 .	Fourrage vert.	Journées de présence	Betteraves et carottes 188 .	Blé 188 .	Fourrage 188 .	Fourrage vert	Son.	Avoine 188 .	Blé 188 .	Son.	Avoine 188 .	Blé 188	Fourrage 188 .	Fourrage vert	Son.
1																			
2																			
3																			
4																			
5																			
6																			
7																			
8																			
9																			
10																			
11																			
12																			
13																			
14																			
15																			
16																			
17																			
18																			
19																			
20																			
21																			
22																			
23																			
24																			
25																			
26																			
27																			
28																			
29																			
30																			
31																			

Méthode de Sauvage, séparée.

Livre auxiliaire N.º 5. — Vacherie.

Juillet 188 .   Août 188 .

Dates	Lait							Beurre.		Fromages		Dates	Lait							Beurre.		Fromages	
	Produc-tion.	Vente.	à le litre	au château	pour Veaux	pour Basse-Cour.	Restant.	au château	Vendu	au château	Vendus		Produc-tion.	Vente.	à le litre	au château	pour Veaux	pour Basse-Cour.	Restant.	au château	Vendu	au château	Vendus
	lit.	lit.	fr. c.	lit.	lit.	lit.	lit.	Kil.	Kil.	Nombre	Nombre		lit.	lit.	fr. c.	lit.	lit.	lit.	lit.	Kil.	Kil.	Nombre	Nombre
1												1											
2												2											
3												3											
4												4											
5												5											
6												6											
7												7											
8												8											
9												9											
10												10											
11												11											
12												12											
13												13											
14												14											
15												15											
16												16											
17												17											
18												18											
19												19											
20												20											
21												21											
22												22											
23												23											
24												24											
25												25											
26												26											
27												27											
28												28											
29												29											
30												30											
31												31											

Méthode de Sauvage, déposée.

Septembre 188 . *Octobre 188 .*

Dates	Lait							Beurre		Fromages		Dates	Lait							Beurre		Fromage	
	Production.	Vente.	à le litre.	au château.	pour Veaux.	pour Basse Cour.	Restant.	au château.	Vendu.	au château.	Vendus.		Production.	Vente.	à le litre.	au château.	pour Veaux.	pour Basse Cour.	Restant.	au château.	Vendu.	au château.	Vendu.
	lit.	lit.	fr. c.	lit.	lit.	lit.	lit.	Kil.	Kil.	Nombre.	Nombre.		lit.	lit.	fr. c.	lit.	lit.	lit.	lit.	Kil.	Kil.	Nombre.	Nombre.
1												1											
2												2											
3												3											
4												4											
5												5											
6												6											
7												7											
8												8											
9												9											
10												10											
11												11											
12												12											
13												13											
14												14											
15												15											
16												16											
17												17											
18												18											
19												19											
20												20											
21												21											
22												22											
23												23											
24												24											
25												25											
26												26											
27												27											
28												28											
29												29											
30												30											
31												31											

Méthode de Sauvage, dépose.

Dates	Lait						Beurre		Fromages		Dates	Lait						Beurre		Fromages	
	Production.	Vente.	à le litre	au château	pour Veaux	pour Basse Cour.	Restant	au château	Vendu	au château	Vendus		Production.	Vente.	à le litre	au château	pour Veaux	pour Basse Cour.	Restant	au château	Vendu	au château	Vendus
	lit.	lit.	fr. c.	lit.	lit.	lit.	lit.	Kil.	Kil.	Nombre	Nombre		lit.	lit.	fr. c.	lit.	lit.	lit.	lit.	Kil.	Kil.	Nombre	Nombre
1												1											
2												2											
3												3											
4												4											
5												5											
6												6											
7												7											
8												8											
9												9											
10												10											
11												11											
12												12											
13												13											
14												14											
15												15											
16												16											
17												17											
18												18											
19												19											
20												20											
21												21											
22												22											
23												23											
24												24											
25												25											
26												26											
27												27											
28												28											
29												29											
30												30											
31												31											

Méthode de Sauvage, déposée.

Janvier 188 .　　　　　　　　Février 188 .

Dates	Lait							Beurre		Fromages		Dates	Lait							Beurre		Fromages	
	Production.	Vente	à le litre	au château	pour Veaux	pour Basse Cour.	Restant	au château	Vendu	au château	Vendus		Production.	Vente	à le litre	au châtea	pour Veaux	pour Basse Cour.	Restant	au château	Vendu	au château	Vendus
	lit.	lit.	fr. c.	lit.	lit.	lit.	lit.	Kil.	Kil.	Nombre	Nombre		lit.	lit.	fr. c.	lit.	lit.	lit.	lit.	Kil.	Kil.	Nombre	Nombre
1												1											
2												2											
3												3											
4												4											
5												5											
6												6											
7												7											
8												8											
9												9											
10												10											
11												11											
12												12											
13												13											
14												14											
15												15											
16												16											
17												17											
18												18											
19												19											
20												20											
21												21											
22												22											
23												23											
24												24											
25												25											
26												26											
27												27											
28												28											
29												29											
30												30											
31												31											

Méthode de Sauvage, dépurée.

Livre auxiliaire N° 5. — Vacherie.

Mars 188_.   Avril 188_.

Dates	Lait							Beurre		Fromages		Dates	Lait							Beurre		Fromages	
	Production	Vente	à le litre	au Château	pour Veaux	pour Basse Cour	Restant	au Château	Vendu	au Château	Vendus		Production	Vente	à le litre	au Château	pour Veaux	pour Basse Cour	Restant	au Château	Vendu	au Château	Vendus
	lit.	lit.	fr. c.	lit.	lit.	lit.	lit.	Kil.	Kil.	Nombre	Nombre		lit.	lit.	fr. c.	lit.	lit.	lit.	lit.	Kil.	Kil.	Nombre	Nombre
1												1											
2												2											
3												3											
4												4											
5												5											
6												6											
7												7											
8												8											
9												9											
10												10											
11												11											
12												12											
13												13											
14												14											
15												15											
16												16											
17												17											
18												18											
19												19											
20												20											
21												21											
22												22											
23												23											
24												24											
25												25											
26												26											
27												27											
28												28											
29												29											
30												30											
31												31											

Méthode de Sauvage, dépassé.

Mai 188_   Juin 188_

Dates	Lait Production	Vente	à le litre	au Château	pour Veaux	pour Basse-Cour	Restant	Beurre au Château	Vendu	Fromages au Château	Vendus	Dates	Lait Production	Vente	à le litre	au Château	pour Veaux	pour Basse-Cour	Restant	Beurre au Château	Vendu	Fromages au Château	Vendus
	Litres	Litres	fr. c.	lit.	lit.	lit.	lit.	Kil.	Kil.	Nombre	Nombre		lit.	lit.	fr. c.	lit.	lit.	lit.	lit.	Kil.	Kil.	Nombre	Nombre
1												1											
2												2											
3												3											
4												4											
5												5											
6												6											
7												7											
8												8											
9												9											
10												10											
11												11											
12												12											
13												13											
14												14											
15												15											
16												16											
17												17											
18												18											
19												19											
20												20											
21												21											
22												22											
23												23											
24												24											
25												25											
26												26											
27												27											
28												28											
29												29											
30												30											
31												31											

Méthode de Sauvage, déposé.

Livre auxiliaire N.° 6. — Basse-Cour.

Juillet 188 .   Août 188 .

Dates	Œufs.				Volailles, Vente au Château				Dates	Œufs.				Volailles, Vente au Château			
	Production	Château	Vente Quantités	Argent	Poulets Pintades	Canards	Pigeons	Dindes		Production	Château	Vente Quantités	Argent	Poulets Pintades	Canards	Pigeons	Dindes
1									1								
2									2								
3									3								
4									4								
5									5								
6									6								
7									7								
8									8								
9									9								
10									10								
11									11								
12									12								
13									13								
14									14								
15									15								
16									16								
17									17								
18									18								
19									19								
20									20								
21									21								
22									22								
23									23								
24									24								
25									25								
26									26								
27									27								
28									28								
29									29								
30									30								
31									31								

Méthode de Sauvage, déposée.

Janvier 188__   Février 188_ .

Dates	Œufs:				Volailles Vente au Château.				Dates	Œufs:				Volailles Vente au Château.			
	Production	Château	Vente Quantités	Argent	Poulets Pintades	Canards	Pigeons	Dindes.		Production	Château	Vente Quantités	Argent	Poulets Pintades	Canards	Pigeons	Dindes.
1									1								
2									2								
3									3								
4									4								
5									5								
6									6								
7									7								
8									8								
9									9								
10									10								
11									11								
12									12								
13									13								
14									14								
15									15								
16									16								
17									17								
18									18								
19									19								
20									20								
21									21								
22									22								
23									23								
24									24								
25									25								
26									26								
27									27								
28									28								
29									29								
30									30								
31									31								

Méthode de Sauvage, déposée.

Livre auxiliaire N° 6. — Basse-Cour.

Mars 188 .   Avril 188 .

Dates	Œufs				Volailles. Vente au Château.				Dates	Œufs				Volailles. Vente au Château.			
	Production	Château	Vente Quantités	Argent	Poulets Pintades	Canards	Pigeons	Dindes		Production	Château	Vente Quantités	Argent	Poulets Pintades	Canards	Pigeons	Dindes
1									1								
2									2								
3									3								
4									4								
5									5								
6									6								
7									7								
8									8								
9									9								
10									10								
11									11								
12									12								
13									13								
14									14								
15									15								
16									16								
17									17								
18									18								
19									19								
20									20								
21									21								
22									22								
23									23								
24									24								
25									25								
26									26								
27									27								
28									28								
29									29								
30									30								
31									31								

Méthode de Sauvage, déposée.

Mai 188..   Juin 188..

Dates	Œufs.				Volailles. Vente au Château.				Dates	Œufs.				Volailles. Vente au Château.			
	Production	Château	Vente Quantités	Argent.	Poulets Pintades.	Canards	Pigeons	Dindes		Production	Château	Vente Quantités	Argent.	Poulets Pintades.	Canards	Pigeons	Dindes.
1									1								
2									2								
3									3								
4									4								
5									5								
6									6								
7									7								
8									8								
9									9								
10									10								
11									11								
12									12								
13									13								
14									14								
15									15								
16									16								
17									17								
18									18								
19									19								
20									20								
21									21								
22									22								
23									23								
24									24								
25									25								
26									26								
27									27								
28									28								
29									29								
30									30								
31									31								

Méthode de Sauvage déposée.

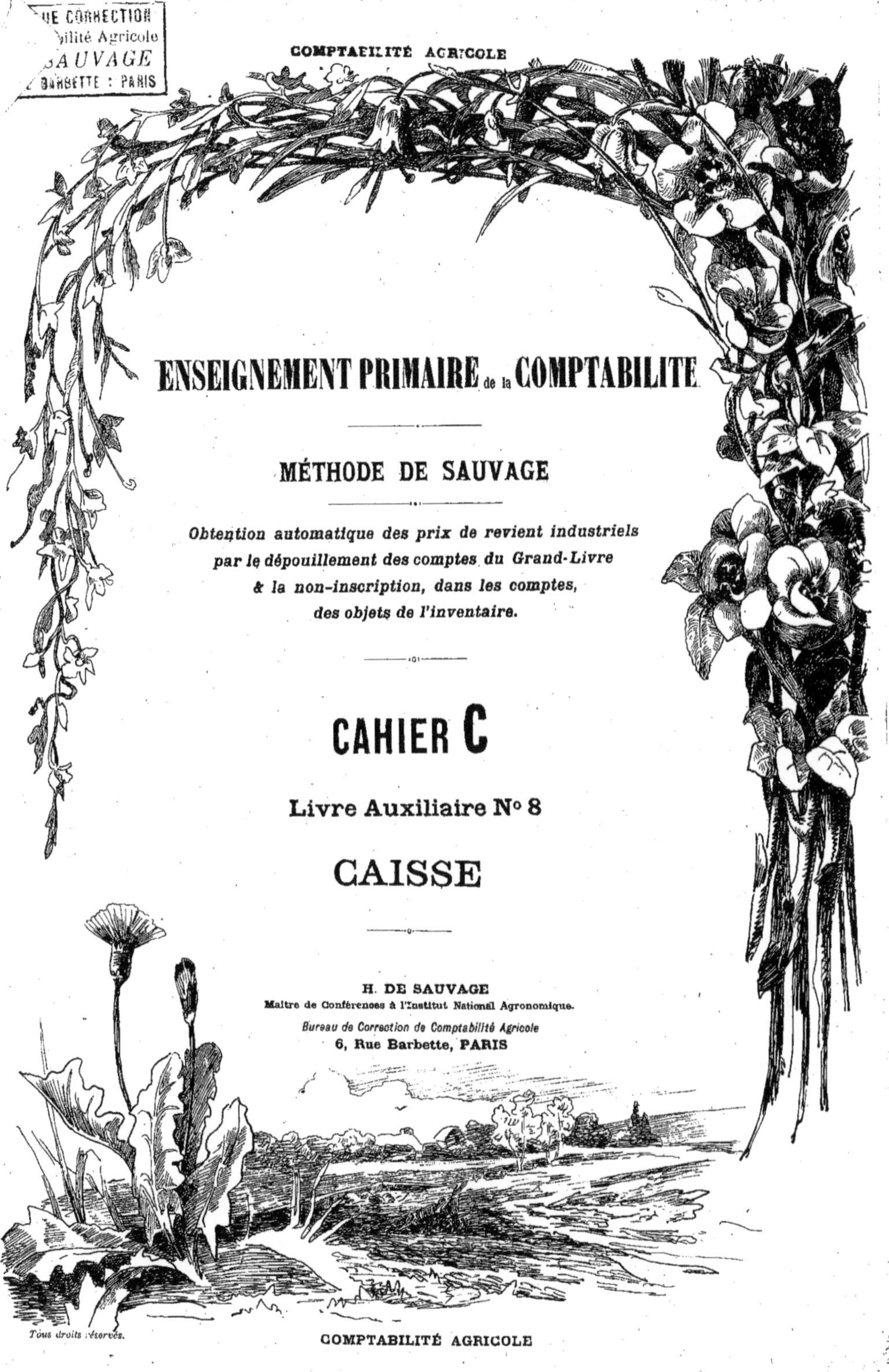

ENSEIGNEMENT PRIMAIRE de la COMPTABILITÉ

MÉTHODE DE SAUVAGE

*Obtention automatique des prix de revient industriels
par le dépouillement des comptes du Grand-Livre
& la non-inscription, dans les comptes,
des objets de l'inventaire.*

CAHIER C

Livre Auxiliaire N° 8

CAISSE

H. DE SAUVAGE
Maître de Conférences à l'Institut National Agronomique.
Bureau de Correction de Comptabilité Agricole
6, Rue Barbette, PARIS

Livre Auxiliaire Nº 8

CAISSE

Caisse du Mois

à Reporter

188 _____

Report f

à Reporter f

188				Report	f
				à Reporter	5

Méthode de Sauvage, déposée

188__

Report

à Reporter

Méthode de Sauvage, déposée

188.   Report

à Reporter

Méthode de Sauvage, déposée

188

Report

à Reporter

188 ___

Report

à Reporter

Méthode de Sauvage, déposée

188 ___

Report

à Reporter

188

Report

à Reporter

Méthode de Sauvage, déposée

188 _____

Report _____ | f

à Reporter _____ | f

Méthode de Sauvage, déposée

Caisse du Mois

188

Report

à Reporter

Méthode de Sauvage, déposée

188 _____   Repor_

à Reporter

Caisse du Mois

188____   Report

à Reporter

Méthode de Sauvage, déposée

188 ____

Report   f

à Reporter   f

Méthode de Sauvage, déposée

188			Report	f

à Reporter

Méthode de Sauvage, déposée

188 _______ Report

à Reporter

Méthode de Sauvage, déposée

188 ____   Report   f

à Reporter   f

Méthode de Sauvage, déposée

Crédit

188 _______

Report

à Reporter

188

Report

à Reporter

Méthode de Sauvage, déposée

188						f	

à Reporter

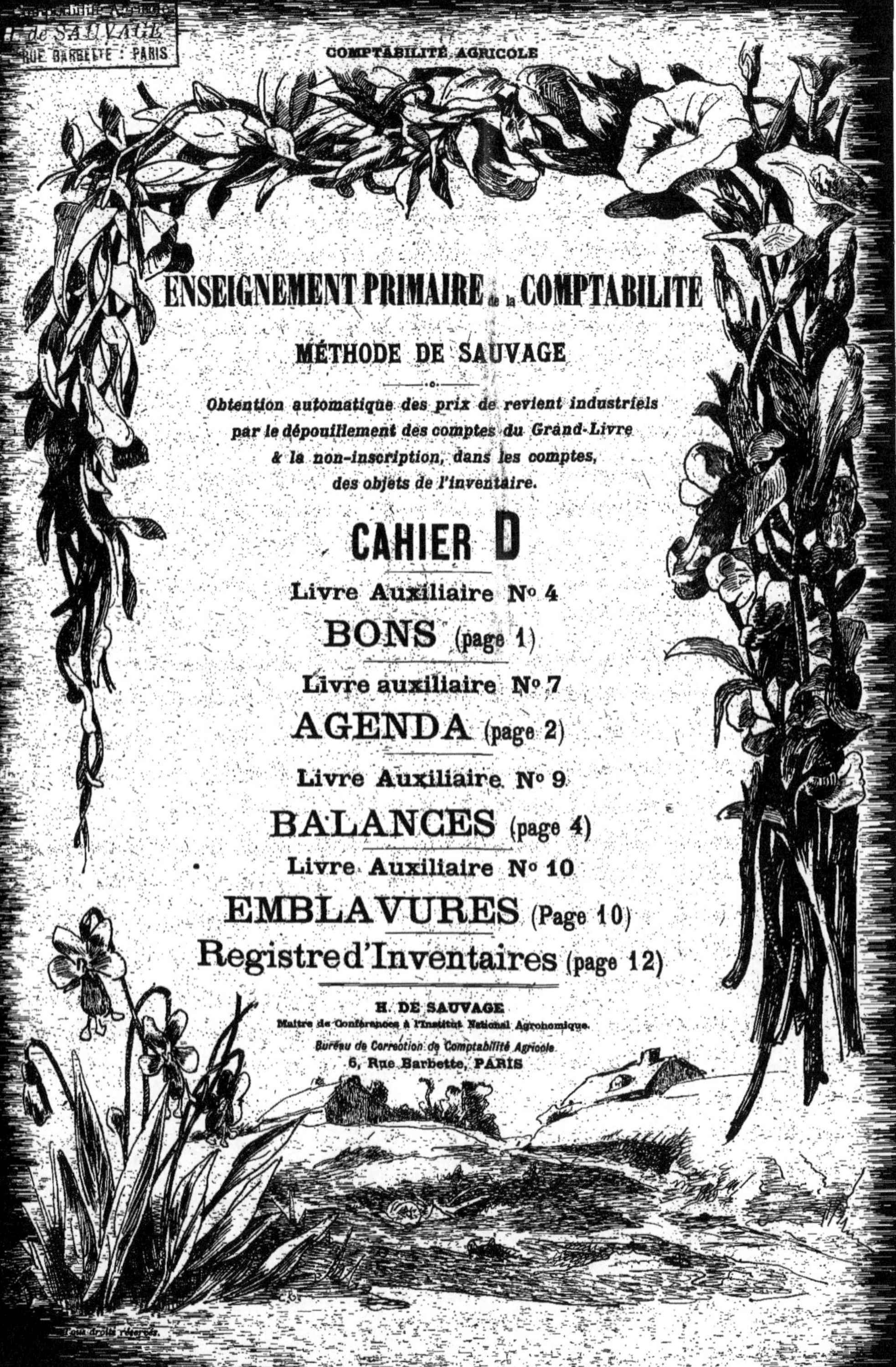

ENSEIGNEMENT PRIMAIRE de la COMPTABILITE

MÉTHODE DE SAUVAGE

Obtention automatique des prix de revient industriels
par le dépouillement des comptes du Grand-Livre
& la non-inscription, dans les comptes,
des objets de l'inventaire.

CAHIER D

Livre Auxiliaire N° 4

BONS (page 1)

Livre auxiliaire N° 7

AGENDA (page 2)

Livre Auxiliaire N° 9

BALANCES (page 4)

Livre Auxiliaire N° 10

EMBLAVURES (Page 10)

Registre d'Inventaires (page 12)

H. DE SAUVAGE
Maître de Conférences à l'Institut National Agronomique.
Bureau de Correction de Comptabilité Agricole.
6, Rue Barbette, PARIS

Livre auxiliaire N° 4. Bons

Le _______ 188_ N°_______   N°_______   le _______ 188_

Livr_______   Livr_______

Partie du bon à détacher

Le _______ 188_ N°_______   N°_______   le _______ 188_

Livr_______   Livr_______

Partie du bon à détacher

Le _______ 188_ N°_______   N°_______ Ferme d_______   le _______ 188_

Livr_______   Livr_______

Partie du bon à détacher

Méthode de Sauvage, déposée

Livre auxiliaire N° 9 — Balances

Juillet 188 ______ Août 188 __

Folio du grand livre.		Débits	Crédits	Débits	Crédits

Méthode de Sauvage, déposée.

Livre auxiliaire N° 9 _ Balances

Septembre 188_ _ Octobre 188_

Folio du grand livre		Débits	Crédits	Débits	Crédits

Méthode de Sauvage, déposée.

Livre auxiliaire N.º 9   Balances.

Folio du
grand
livre

Novembre 188___   Décembre 188___

Débits — Crédits — Débits — Crédits

Méthode de Sauvage, déposée.

Livre auxiliaire Nᵒ 9 — Balances

Janvier 188__ — Février 188__.

Folio du grand livre		Débits	Crédits	Débits	Crédits

Méthode de Sauvage, déposée.

Livre auxiliaire N° 9 — Balances

Mars 188___ — Avril 188___

Folio du grand livre		Débits	Crédits	Débits	Crédits

Méthode de Sauvage, déposée,

Livre auxiliaire N° 9 — Balances.

Mai 188__ — Juin 188__

Folios du grand Livre		Débits.	Crédits.	Débits.	Crédits.

Livre auxiliaire N° 10. — Emblavures

Emblavures de 188___ — 1er Tableau

Noms des Champs.	Superficie	Cultures
Ferme N° 1		
Ferme N° 2		
Effondré		
Ormeaux N° 1		
Ormeaux N° 2		
Milieu		
Noyers N° 1		
Noyers N° 2		
Hangar		
Montmélian N° 1		
Montmélian N° 2		
Montmélian N° 3		
Parc		
Mur		
Fours		

Livre auxiliaire N° 10 _ Emblavures.

Emblavures de 188_ _ 2ᵉ Tableau

Cultures	Noms des Champs.	Superficie	Superficies totales des Cultures
	Ferme N° 2		
	Noyers N° 1		
	Noyers N° 2		
	Fours		
	Ferme N° 1		
	Ormeaux N° 1		
	Ormeaux N° 2		
	Hangar		
	Montmélian N° 3		
	Effondré		
	Milieu		
	Montmélian N° 1		
	Montmélian N° 2		
	Parc (Partie)		
	Mur (Partie)		
	Parc (Partie)		
	Mur (Partie)		
	Parc (Partie)		

Registre d'Inventaires — Inventaire de 188_

Nomenclature des Objets — Valeur de l'objet — Valeur par branches

Méthode de Sauvage, déposée

Inventaire 188___ (Suite)

Nomenclature des Objets.	Valeur de l'objet	Valeur par branches

Méthode de Sauvage, déposée.

Inventaire 188___ (Suite)

Nomenclature des Objets	Valeur de l'objet	Valeur par branch.

Méthode de Sauvage, déposée.

Inventaire 188___ (Suite)

Nomenclature des Objets.	Valeur de l'objet	Valeur par branches

Nomenclature des Objets. — Valeur de l'objet — Valeur par branches

Méthode de Sauvage, déposée

Inventaire 188___ (Suite)

	Nomenclature des Objets	Valeur de l'objet	Valeur par branche

Méthode de Sauvage, déposée

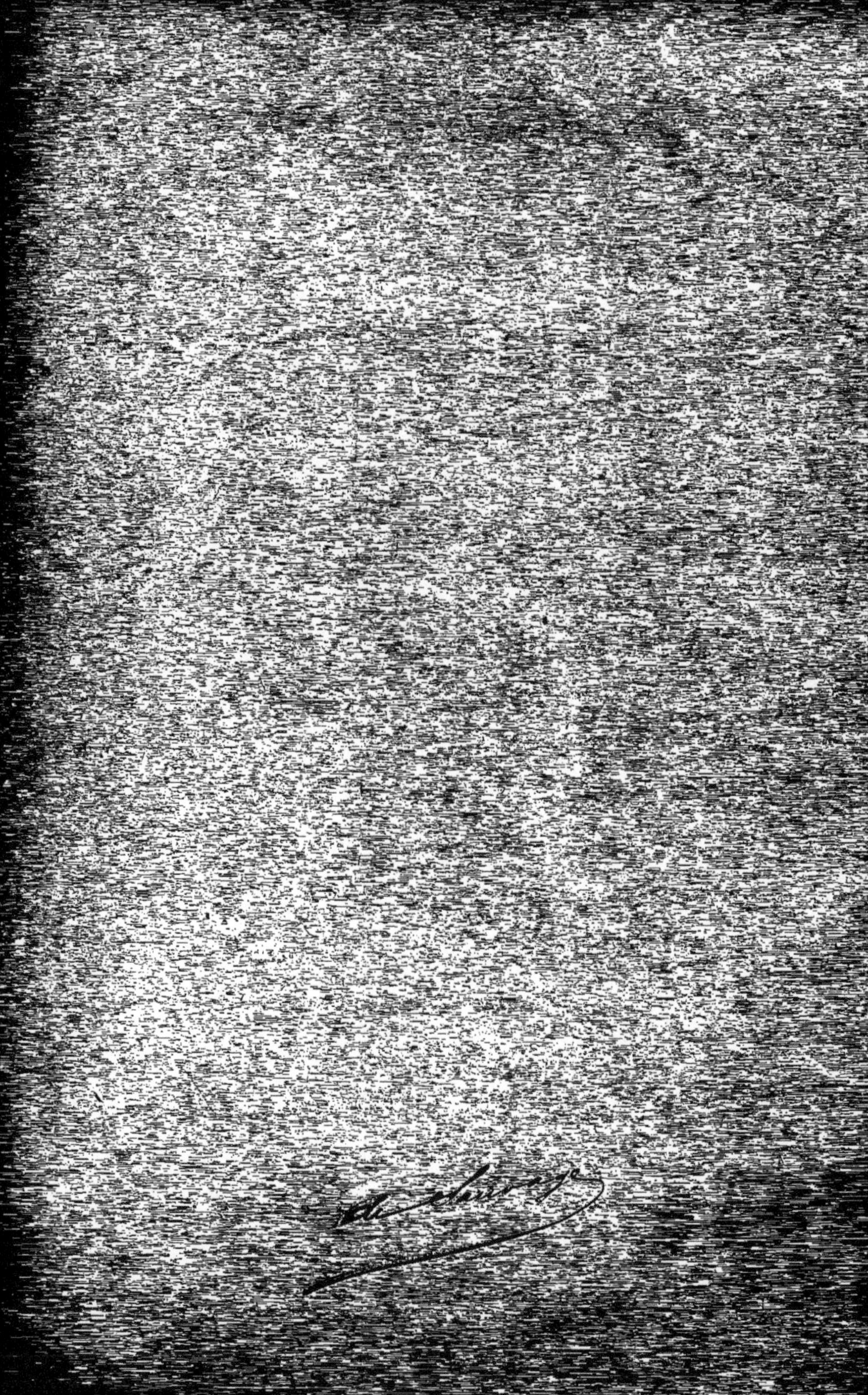

ENSEIGNEMENT PRIMAIRE de la COMPTABILITÉ

MÉTHODE DE SAUVAGE

Obtention automatique des prix de revient industriels
par le dépouillement des comptes du Grand-Livre
& la non-inscription, dans les comptes,
des objets de l'inventaire.

CAHIER E

LIVRE JOURNAL

H. DE SAUVAGE
Maître de Conférences à l'Institut National Agronomique
Bureau de Correction de Comptabilité Agricole
8, Rue Barbette, PARIS

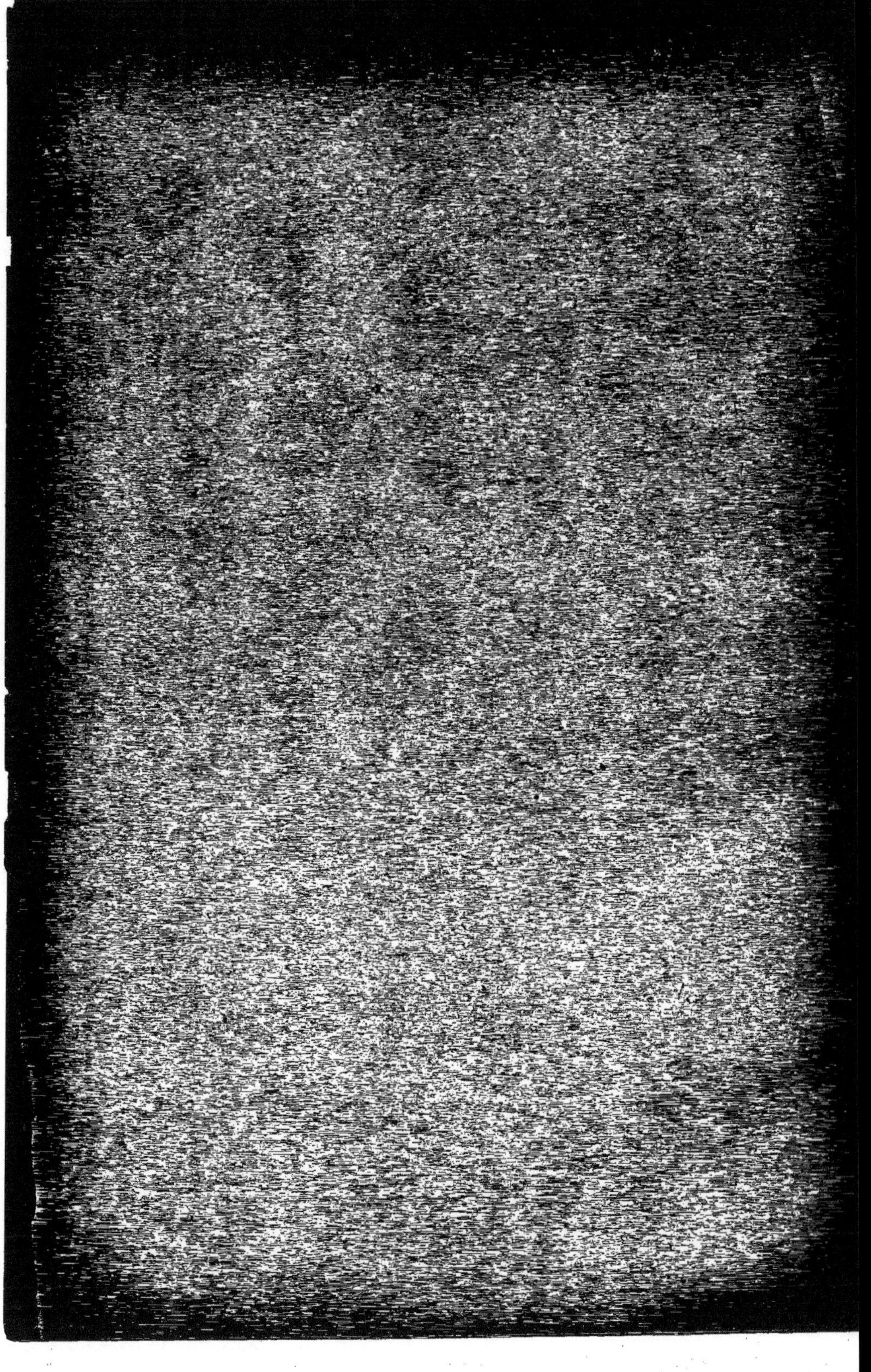

Livre-Journal

Débits	Crédits

C
à Reporter

Folios du Grand Livre		Mois de _______ 188_	Débits	Crédits
Débit	Crédit			
		Report		
		à Reporter		

Méthode de Sauvage, déposée.

Mois de _______ 188_

Débits Crédits

Report

à Reporter

<table>
<tr><td colspan="2">Folios du
Grand Livre</td><td rowspan="2">Mois de _______ 188_.</td><td>Débits</td><td>Crédits</td></tr>
<tr><td>Débit</td><td>Crédit</td></tr>
<tr><td></td><td></td><td>Report</td><td></td><td></td></tr>
<tr><td></td><td></td><td>à Reporter</td><td></td><td></td></tr>
</table>

Méthode de Sauvage, déposée.

<table>
<tr><td>Folios du
Grand Livre</td><td rowspan="2">Mois de _____ 188_.</td><td>Débits</td><td>Crédits</td></tr>
<tr><td>Débit | Crédit</td><td></td><td></td></tr>
</table>

Report

à Reporter

<table>
<tr><td colspan="2">Folios du
Grand Livre</td><td rowspan="2">Mois de   188</td><td>Débits</td><td>Crédits</td></tr>
<tr><td>Débit</td><td>Crédit</td><td></td><td></td></tr>
<tr><td></td><td></td><td>Report</td><td></td><td></td></tr>
<tr><td></td><td></td><td>à Reporter</td><td></td><td></td></tr>
</table>

Méthode de Sauvage, déposée

Folios du grand Livre		Mois de ___________ 188_	Débits	Crédits
Débit	Crédit			
		Report		

| | | à Reporter | | |

<table>
<tr><td colspan="2">Folios du
Grand Livre</td><td rowspan="2">Mois de _________ 188_.</td><td>Débits</td><td>Crédits</td></tr>
<tr><td>Débit</td><td>Crédit</td><td></td><td></td></tr>
<tr><td></td><td></td><td>Report</td><td></td><td></td></tr>
<tr><td></td><td></td><td>à Reporter</td><td></td><td></td></tr>
</table>

<table>
<tr><td>Folios du
Grand Livre
Débit | Crédit</td><td>Mois de _______ 188_</td><td>Débits</td><td>Crédits</td></tr>
<tr><td></td><td>Report</td><td></td><td></td></tr>
<tr><td></td><td>à Reporter</td><td></td><td></td></tr>
</table>

Méthode de Sauvage, déposée.

<table>
<tr><td colspan="2">Folios du
Grand Livre</td><td rowspan="2">Mois de _____ 188_.</td><td>Débits</td><td>Crédits</td></tr>
<tr><td>Débit</td><td>Crédit</td><td></td><td></td></tr>
<tr><td></td><td></td><td>Report</td><td></td><td></td></tr>
<tr><td></td><td></td><td>à Reporter</td><td></td><td></td></tr>
</table>

Méthode de Sauvage, déposée.

<table>
<tr><td colspan="2">Folios du
Grand Livre</td><td rowspan="2">Mois de _______ 188 _.</td><td>Débits</td><td>Crédits</td></tr>
<tr><td>Débit</td><td>Crédit</td><td></td><td></td></tr>
<tr><td></td><td></td><td align="right">Report</td><td></td><td></td></tr>
<tr><td></td><td></td><td align="right">à Reporter</td><td></td><td></td></tr>
</table>

Méthode de Sauvage, déposée.

<table>
<tr><td colspan="2">Folios du
Grand Livre</td><td rowspan="2">Mois de _________ 188_.</td><td>Débits</td><td>Crédits</td></tr>
<tr><td>Débit</td><td>Crédit</td><td colspan="2"></td></tr>
<tr><td></td><td></td><td align="right">Report</td><td></td><td></td></tr>
<tr><td></td><td></td><td align="right">à Reporter</td><td></td><td></td></tr>
</table>

<table>
<tr><td>Folios du
Grand Livre</td><td colspan="2" rowspan="2" align="center">Mois de _______ 188_</td><td>Débits</td><td>Crédits</td></tr>
<tr><td>Débit</td><td>Crédit</td></tr>
<tr><td></td><td></td><td align="right">Report</td><td></td><td></td></tr>
<tr><td></td><td></td><td align="right">à Reporter</td><td></td><td></td></tr>
</table>

Méthode de Turnage, déposée.

Mois de ____________ 188__.

Débits | Crédits

Report

à Reporter

<table>
<tr><td>Folios du
Grand Livre</td><td colspan="2">Mois de ___________ 188_</td><td>Débits</td><td>Crédits</td></tr>
<tr><td>Débit | Crédit</td><td></td><td>Report</td><td></td><td></td></tr>
</table>

à Reporter

Méthode de Sauvage, déposée.

Mois de _______________ 188_

Débits | Crédits

Report

à Reporter

<table>
<tr><td colspan="2">Folios du
Grand Livre</td><td rowspan="2">Mois de _______________ 188_</td><td>Débits</td><td>Crédit</td></tr>
<tr><td>Débit</td><td>Crédit</td><td></td><td></td></tr>
</table>

Report

à Reporter

Mois de _______________ 188___.

Débits | Crédits

Report

à Reporter

<table>
<tr><td colspan="2">Folios du
Grand Livre</td><td rowspan="2">Mois de _______ 188_.</td><td>Débits</td><td>Crédit</td></tr>
<tr><td>Débit</td><td>Crédit</td></tr>
</table>

Report

à Reporter

Méthode de Sauvage, déposée.

<table>
<tr><td colspan="2">Folios du
Grand Livre</td><td rowspan="2">Mois de _______ 188_</td><td>Débits</td><td>Crédits</td></tr>
<tr><td>Débit</td><td>Crédit</td><td></td><td></td></tr>
<tr><td></td><td></td><td>Report</td><td></td><td></td></tr>
<tr><td>Débit</td><td>Crédit</td><td></td><td></td><td></td></tr>
<tr><td></td><td></td><td>à Reporter</td><td></td><td></td></tr>
</table>

Méthode de Sauvage, déposée.

Folios du Grand Livre		Mois de ________ 188_	Débits	Crédits
Débit	Crédit			
		Report		
		à Reporter		

Méthode de Surnoage, déposée.

<table>
<tr><td colspan="2">Folios du
Grand Livre</td><td rowspan="2">Mois de ___________ 188___</td><td>Débits</td><td>Crédits</td></tr>
<tr><td>Débit</td><td>Crédit</td><td></td><td></td></tr>
<tr><td></td><td></td><td>Report</td><td></td><td></td></tr>
<tr><td>Folios du
Grand Livre
Débit | Crédit</td><td></td><td></td><td></td><td></td></tr>
<tr><td></td><td></td><td>à Reporter</td><td></td><td></td></tr>
</table>

Méthode de Sauvage, déposée.

<table>
<tr><td>Folios du
Grand Livre
Débit | Crédit</td><td>Mois de _______ 188_.</td><td>Débits</td><td>Crédits</td></tr>
</table>

Report

à Reporter

Méthode de Sauvage, déposée.

<table>
<tr><td colspan="3">Folios du Grand Livre</td><td rowspan="2">Mois de _______ 188_ .</td><td>Débits</td><td>Crédits</td></tr>
<tr><td>Débit</td><td>Crédit</td></tr>
</table>

Report

à Reporter

| Folios du Grand Livre | | Mois de ______________ 188__. | Débits | Crédits |
Débit	Crédit			
		Report		
		à Reporter		

Folios du
grand Livre
Débit | Crédit

Mois de _______ 188_

| | Débits | Crédits |

Report

à Reporter

Méthode de Sauvage, déposée.

<table>
<tr><td colspan="2">Folios du
Grand Livre</td><td rowspan="2">Mois de ___________ 188_.</td><td>Débits</td><td>Crédits</td></tr>
<tr><td>Débit</td><td>Crédit</td></tr>
</table>

Report

Méthode de Sauvage, déposée.

à Reporter

Mois de _______________ 188__

Débits   Crédits

Report

à Reporter

Méthode de Sauvage, déposée.

<table>
<tr><td colspan="2">Folios du
Grand Livre</td><td rowspan="2"></td><td rowspan="2" style="text-align:center">Mois de _______ 188_.</td><td rowspan="2">Débits</td><td rowspan="2">Crédits</td></tr>
<tr><td>Débit</td><td>Crédit</td></tr>
</table>

Report

à Reporter

Folios du Grand Livre			
Débit	Crédit		

Mois de _______ 188_.

Report

Débits · Crédits

à Reporter

<table>
<tr><td>Folios du
Grand Livre
Débit | Crédit</td><td>Mois de ________ 188_</td><td>Débits</td><td>Crédits</td></tr>
</table>

Report

à Reporter

Méthode de Sauvage, déposée.

Mois de _______ 188__

Débits | Crédits

Report

à Reporter

Folios du Grand Livre		Mois de ___________ 188_.	Débits	Crédits
Débit	Crédit			
		Report		

à Reporter

<table>
<tr><td colspan="2">Folios du
Grand Livre</td><td rowspan="2">Mois de _______ 188_.</td><td>Débits</td><td>Crédits</td></tr>
<tr><td>Débit</td><td>Crédit</td><td colspan="2"></td></tr>
</table>

Report

à Reporter

<table>
<tr><td colspan="2">Folios du
Grand Livre</td><td rowspan="2">Mois de _______ 188_</td><td>Débits</td><td>Crédits</td></tr>
<tr><td>Débit</td><td>Crédit</td><td></td><td></td></tr>
</table>

Report

à Reporter

ENSEIGNEMENT PRIMAIRE — COMPTABILITÉ

MÉTHODE DE SAUVAGE

Obtention automatique des prix de revient industriels
par le dépouillement des comptes du Grand-Livre
& la non-inscription, dans les comptes,
des objets de l'inventaire.

CAHIER F

GRAND LIVRE

Cahier-Annexe

Résumé Mensuel
de Travail
et de
Consommation

H. DE SAUVAGE
Chargé de Conférences à l'Institut National Agronomique
Bureau de Correction de Comptabilité Agricole
8, Rue Barbette, PARIS

Grand Livre — Répertoire

	Folios		Folios
Inventaire 188	1	Engrais 188	21
Inventaire 188	2	Entrée en ferme (1873)	22
Avoine 188	3	Fermier 188	23
Avoine 188	4	Fourrages 188	24
Basse-Cour 188	5	Fourrages 188	25
Betteraves et Carottes 188	6	Frais Généraux 188	26
Betteraves et Carottes 188	7	Fumier 188	27
Blé 188	8	Fumiers en terre et Amendements 188	28
Blé 188	9	Fumiers en terre et Amendements 188	29
Caisse 188	10	Instruments et Outils 188	30
Caisse 188	11	Magasin 188	31
Capital 188	12	Magasin 188	32
Capital 188	13	Main-d'Œuvre 188	33
Charges annuelles 188	14	Ménage 188	34
Château 188	15	Pommes de terre 188	35
Chevaux 188	16	Pommes de terre 188	36
Débiteurs et Créditeurs 188	17	Pertes et Profits 188	37
Débiteurs et Créditeurs 188	18	Seigle 188	38
Denrées et Marchandises 188	19	Seigle 188	39
Employés 188	20	Vacherie 188	40

1 Débit. Inventaire 188 .

2 Débit Inventaire 188 .

3. Débit. Avoine 188 .

4 Débit. Avoine 188 .

Méthode de Sauvage, déposée.

(Animaux, Mobilier, Instruments & Outils) Crédit.[1]

Crédit.[2]

Crédit.

Crédit.

Méthode de Sauvage, déposée.

4

(Suite) Avoine 188 .

5.

Débit.   Basse - Cour 188 .

6.

Débit   Betteraves et Carottes 188 .

4

5
Crédit

6
Crédit

Méthode de Sauvage dépouée.

6

(Suite) Betteraves et Carottes 188 .

7

Débit.   Betteraves et Carottes 188 .

8.

Débit   Blé 188 .

9.

Débit   Blé 188 .

Méthode de Sauvage, déposée.

6

Crédit. 7

Crédit. 8

Crédit. 9

Méthode de Sauvage, disposée.

9

(Suite) Blé 188

10 Débit.   Caisse 188.

11 Débit.   Caisse 188.

12 Débit.   Capital 188.

Crédit. 10

Crédit. 11

Crédit. 12

Méthode de Sauvage, déposée.

¹³ *Débit*. Capital 188 .

¹⁴ *Débit*. Charges annuelles 188 .

¹⁵ *Débit*. Château 188 .

Crédit. 13.

Crédit. 14

Crédit. 15

Méthode de Sauvage, dépassée.

Méthode de Sauvage, dépravée.

Créditeurs.

Méthode de Sauvage déposée.

Débit   Débiteurs et Créditeurs divers 188

18 Débit   Débiteurs et Créditeurs divers 188

19 Débit   Denrées et Marchandises diverses 188

20 Débit   Employés 188

Méthode de Sauvage, déposée.

Créditeurs

Créditeurs 18

Créditeurs 19

Créditeurs 20

Débit.   Fourrages 188 .

25

Débit.   Fourrages 188 .

26

Débit   Frais Généraux 188 .

Méthode de Sauvage, déposée.

25
Crédit.

26
Crédit.

Méthode de Sauvage déposée.

29 Débit. Fumiers en terre et Amendements 188.

30 Débit. Instruments et Outils 188.

Méthode de Sauvage, déposée

Crédit. 28

Crédit. 29

Crédit. 30

Méthode de Sauvage, éprouvée.

Débit. Instruments et Outils 188 .

Débit. Magasin 188 .

Feuille-Annexe du Compte Magasin.

	Avoine. Grain.		Avoine. Paille.		Betteraves.		Carottes.		Blé. Paille.		Fourrages secs.	
	Kx	Fos	Bottes	Fos	Kx	Fos	Kx	Fos	Bottes	Fos	Bottes	Fos
188 . Juillet												
Août												
Septb.												
Octb.												
Novb.												
Décb.												
188 . Janvr.												
Fevr.												
Mars												
Avril												
Mai												
Juin												

Méthode de Sauvage, déposée.

(Détail du Crédit ci-dessous.)

Fourrages verts		Farine d'Orge		Son.		Pommes de terre.		Seigle Grain		Crédit	
Kilog.	Fr.	Kilog.	Fr.	Kilog.	Fr.	Kilog.	Fr.	Kilog.	Fr.		

Méthode de Sauvage, déposé.

³² Débit   Magasin 188 .

³³ Débit   Main-d'Œuvre 188 .

³³ Débit.   Ménage 188 .

Méthode de Sauvage, déposée.

33

Credit

34

Credit

Débit   Pommes de Terre 188

36

Débit.   Pommes de Terre 188 .

37

Débit.   Pertes et Profits 188 ..

38

Débit.   Seigle 188

36
Crédit.

37
Crédit.

38
Crédit.

Méthode de Sauvage, déposé.

Méthode de Sauvage, déposée.

9 782019 950880